부자가 되는 15가지 사소한 습관

부자가 되는 15가지 사소한 습관

초판 인쇄 _ 2003년 6월 20일

2쇄 발행 _ 2003년 7월 15일

지은이 _ 오하라 케이코

옮긴이 _ 박화

펴낸이 _ 이철원

펴낸곳 _ 리즈 앤 북

등록 _ 2002년 11월 15일

등록번호 _ 제22-741호

주소 _ 137-070 서울시 서초구 서초동 1337-11 삼우빌딩 4층

전화 _ (02) 521-1772 (代)

팩스 _ (02) 521-1775

이메일 _ riesnbook@naver.com

ISBN 89-90522-05-6(03320)

부자가 되는
15가지
사소한 습관

오하라 케이코 지음 / 박화 옮김

리즈앤 북
ries & book

부자는 일상생활에서 재산을 만든다

살다보면 누구나 몇 번쯤은 다른 사람의 도움이 필요한 절박한 상황에 처할 때가 있다. 그 때 우리는 자신을 되돌아보게 된다.

"그렇게 열심히 했지만 아무런 보람이 없게 되었어."

"지금껏 하찮게 생각했던 일이 이렇게 대단한 성과를 거둘 줄이야!"

사람은 누구나 난관에 부딪쳤을 때야 비로소 지금껏 보지 못했던 사물의 소중함과 본질을 깨닫는다.

자, 그렇다면 당신은 어떤 것들이 행복의 조건이 될 수 있다고 생각하는가? 사랑? 돈? 외모? 아니면 권력과 지위? 이런 것들을 가지고 있으면 과연 행복할까?

물론 사랑을 얻기 위해 돈이 필요할 수도 있다. 인간은 돈이 없을 땐 돈만 있으면 행복할 거라고 생각한다. 그러나 실제로 당신이 심각한 질병을 앓게 되거나 실연과 실패를 경험하는 등 인간관계에 문제가 생기면 아무리 많은 재산도 도움이 되지 않는다는 사실을 깨닫게 될 것이다.

이렇듯 인생의 재산은 돈으로는 살 수 없지만 당신은 이미 그것을 손에 쥐고 있는지도 모른다. 당신 자신이 인생의 재산을 가지고 있다는 사실만 깨달으면 현재의 당신이 얼마나 행복한 사람인지도 분명히 느낄 수 있다.

우리는 견디기 힘든 난관에 부딪치면 '아무 것도 필요 없으니 그 옛날 그 시절로 돌아가고 싶다'는 생각을 한다. 본래 인간은 불행에 민감한 반면 일상 속에 넘치는 행복은 미처 깨닫지 못하기 때문에 이런 생각을 하게 된다.

어떤 승려는 고행 끝에 '인간은 한계 상황에 부딪치면 삶과 죽음의 기로에 선다'는 사실을 깨우쳤다고 한다. 그리고 그는 마침내 고된 수행을 통해 착실하게 단련한 육체와 정신력으로 한계를 극복할 수 있었다.

우리는 살아가는 동안 고통과 고난에서 벗어날 수 없다. 그것이 바로 인간에게 주어진 인생이기 때문이다. 인생을 살아가는 원동력은 돈과 권력이 아니라, 모두에게 동등하게 주어진 하루 24시간을 잘 활용하는 것이다.

나는 여러분들이 일상적이고 흔들림 없는 행복을 만들었으면 하는 바람에서 이 책을 썼다. 흔들림 없는 행복을 만들려면 먼저 스스로 생각하는 힘을 길러야 한다. 그것만 있으면 어떤 고난도 극복할 수 있다. 우리는 어떤 문제가 생기든 스스로의 힘으로 해결할만한 능력을 갖추고 있기 때문이다.

당신은 부자가 될 수 있는 사람인가?

첫째, 부자가 될 수 있는 사람은 다음과 같이 행동한다.

- 망설임 없이 일을 진행한다.

- 항상 웃는다.

- 자만하지 않는다.

- 자신을 아낀다.

- 결정된 일은 망설이지 않고 도전한다.

둘째, 부자가 될 수 없는 사람은 다음과 같이 행동한다.

- 실패를 두려워 한다.

- 고집이 세다.

- 과거에 집착한다.

- 다른 사람을 부러워 한다.

– 자신을 싫어한다.

자신에게만 나쁜 일이 생긴다는 피해의식을 갖고 살거나 사물에 집착이 강한 사람은 재산을 만들지 못한다. 할머니는 나에게 '매일 자신을 단련하여 재산을 만들라'고 말씀하셨다. 그리고 아무리 하기 싫은 일이나 괴로운 일도 언젠가는 자신에게 필요한 재산이 된다고 하셨다.

나는 지금 인생의 무거운 짐을 안고 살고 있지만 후회는 없다. 내가 안고 있는 짐들이 훗날 행복을 만드는 재산이 되리라 믿기 때문이다.

앞으로 살아가는 동안 수많은 난관에 부딪치겠지만, 이 과정을 통해 재산을 만들자는 생각으로 즐겁게 받아들일 것이다.

망설이지 말라. 행복이란 자신에게 주어진 소중한 인생을 망설임 없이 적극적으로 가는 사람들의 것이다.

오하라 게이꼬

목차

제1장

실패를 통해 재산을 만든다
좌절로 흘린 눈물이 성공의 열매를 맺는다

같은 실패를 반복하는 사람

- 일이 잘 안 되더라도 다른 사람도 자신과 마찬가지일 거라고 생각하며 안심한다.

- 한번에 3가지 이상의 음식을 요리할 수 없다.

- 일이 없으면 좌절한다.

- 일정대로 되지 않으면 불안하다.

- 자신의 취향보다 유행을 중시한다.

- 두려움을 느낀 석이 없다.

- 1만 원으로 얻을 수 있는 것은 한정되어 있다고 생각한다.

- 단순 작업에 금방 질린다.

- 봄, 가을 옷이 거의 같다.

- 역사책을 좋아하지 않는다.

이 중에 4개 이상 해당되는 사람은 창조력이 부족한 사람이다. 창조력이 부족한 사람은 실패를 잘 활용하지 못한다. 아무리 열심히 해도 일이 뜻대로 풀리지 않았던 적은 없는가?

실패를 잘 활용하지 못하는 사람은 실패를 부정적으로 받아들여 지나치게 자책하거나 책임을 회피하는 등 상황을 더욱 나쁘게 만든다.

　사람들은 대부분 실패가 앞으로의 인생에 커다란 도움이 된다
는 사실을 잊고 산다. 하지만 인생을 풍요롭게 만드는 것은 당신
이 살아오면서 경험한 실패의 교훈들이다.

　실패는 활용 가치가 높은 당신만의 자산이 될 수 있다. 어떤 경
우에라도 실패를 적극적으로 받아들일 줄 아는 사람은 자신이 원
하는 것을 손에 넣을 준비가 되어 있는 사람이다. 두려워 하지 말
라. 실패는 성공의 가장 큰 자본이다.

실패를 통해 인생의 지혜를 배우자

　지식은 실제로 경험하지 않고도 배울 수 있기 때문에 쉽게 얻을
수 있지만 살아가는데 그다지 큰 도움은 되지 않는다. 인생에 필
요한 지혜는 실패했던 경험을 통해서만 익힐 수 있다. 그러므로
무슨 일이든 과감하게 도전해 보자.

　하지만 실패했다고 누구나 지혜를 얻는 것은 아니다. 지시를 받
아 수동적으로 하는 일은 진실한 경험이라 할 수 없다. 능동적인
경험만이 삶의 지혜로 통할 수 있기 때문이다.

　재산은 쉽게 얻을 수 있는 것이 아니다. 처음부터 끝까지 순조

롭게 진행된 일은 실패를 거듭하여 이뤄낸 일에 비하면 그 성과가 한정적일 수밖에 없다.

실패했다는 사실에 너무 초조해 하지 말자. 실패를 통해 얻은 깨달음을 인생의 재산으로 삼는다면 살아가는 동안 재산을 하나하나 축적해 나갈 수 있다.

이것을 경험한 사람이 에도(江戶)막부(도쿠가와 이에야스가 천하통일을 이루고 수립한 정권-역주) 3백년의 기초를 쌓은 도쿠가와 이에야스(德間家康)이다.

다음과 같은 일화가 있다.

도쿠가와 이에야스는 미카타가하라 전투(三方が原 :1572년 천하통일을 꾀한 전쟁-역주)에서 다케다 신겐(武田信玄: 1521~1573, 일본 전국시대의 무장-역주)과 싸워 크게 패한 적이 있다. 그러나 그는 이 패배를 단순한 실패의 경험으로 끝내지 않고 인생의 거울로 삼으려는 강한 의지를 갖게 되었다. 그는 적장이었던 다케다 신겐의 정신을 본받아 기회가 올 때까지 참고 기다릴 줄 아는 성품을 갖게 된 것이다.

같은 실수를 반복하지 말자

인간은 망각의 동물이다.

그 당시에는 견딜 수 없도록 자신을 괴롭혔던 실연이나 슬픈 이별의 기억도 시간이 지나면 잊어버린다. 그리고는 또 새로운 내일을 향해 살아간다.

이처럼 힘들었던 기억을 잊는 일은 살아가는데 도움이 되기도 한다. 그런데 애써 경험한 실패를 인생의 지혜로 만들지 못한다면 정말 안타까운 일이다. 우리는 과거에 이미 경험했던 일을 두고도 같은 실수를 반복하곤 한다.

대부분의 사람들이 실패의 기억으로부터 벗어나고 싶어하지만 그러한 경험은 성공의 씨앗이 될 수도 있다. 이 씨앗을 잘 키우려면 실패했던 경험을 잊지 말아야 한다.

이에야스는 신겐과의 전투에서 패하고 지친 몸으로 도망쳤던 자신의 초라한 모습을 일부러 초상화로 그렸다. 31세 때 그려진 그의 초상화는 지금까지 전해져 내려오고 있다.

초상화에 그려진 이에야스의 모습에는 당시 상황이 그대로 묘사되어 있다. 험상궂게 생긴 얼굴에는 몹시 놀라고 공포에 질려 불안에 떠는 기색이 선명하게 드러난다.

이에야스는 이때의 치욕적인 경험을 두 번 다시 되풀이하지 않 겠다는 의미로 평생 초상화를 걸어 두었다고 한다. 초상화를 볼 때마다 자신이 실패했던 원인과 결과를 마음 속 깊이 새겨 두었던 것이다. 미카타가하라 전투 후 10년이 흘렀다. 이에야스에게 패배 를 안겨주었던 다케다 일가는 뿔뿔이 흩어졌고 대세는 이에야스 에게 기울었다.

이에야스는 흩어졌던 다케다의 가신들을 모두 불러들였다. 그 들에게 다케다 신겐의 병법 철학을 배우기 위해서였다. 그 결과 '도쿠가와 이에야스의 인간경영' 이 만들어졌다.

이에야스는 신겐의 병법 철학을 통해 사람에 대한 배려를 배웠 다. 그는 한번의 실패를 철저히 분석하여 인생의 재산으로 만든 난세의 영웅이었다.

만약 이에야스가 미카타가하라 전투에서 패배하지 않았다면 과 연 도쿠가와 막부 3백년의 기반을 쌓을 수 있었을까? 이렇게 얻은 지혜가 창조력을 키우고, 그 창조력은 실패했던 경험을 인생의 재 산으로 바꾸는 원동력이 된다는 사실을 명심하자.

창조력을 기르기 위한 시간별 메뉴

▶ 5분 동안 할 수 있는 일

- 식탁, 마루, 세면대 등 어디든 상관없이 매일 닦는다.

이때 항상 다른 방법을 사용한다. 두세 가지 방법으로는 부족하다. 수세미, 레몬, 스펀지, 천, 칫솔 등 청소 도구를 바꾸는 것도 한가지 요령이다. 도구를 바꾸면 문지르기, 누르기, 돌리기, 비비기 등 닦는 방법도 바뀐다. 도구나 방법에 변화를 주면 평소에 닦이지 않은 부분도 쉽게 청소할 수 있다. 이런 발상의 전환이 살아 있는 지혜를 만든다.

▶ 1시간 동안 할 수 있는 일

- 저녁 장을 본다. 예산과 시간을 고려하여 식단을 정한다.
- 책장을 정리하고 어떤 책들이 있었는지 떠올린다.
- 신문을 스크랩한다.

스크랩한 자료를 살펴보면 자신이 무엇에 흥미를 가지고 있으며, 어떤 목적으로 스크랩을 하는지 알 수 있다.

▶ 3시간 동안 할 수 있는 일

- 직장에서 실패한 경험을 기록하고 그 원인을 분석한다.

- 두 번 다시 만나고 싶지 않은 사람을 떠올려 보자. 아울러 그 이유는 무엇인지 생각해 보자.

- 지금 자신이 해야 할 일을 생각해 보자. 몇 가지가 있는가?

어쩌면 3시간이 너무 길다고 생각할지 모르지만 자신이 했던 일과 해야할 일을 생각하며 적극적으로 대처하면 미래에 대한 불안은 사라질 것이다.

제2장

약점을 통해 재산을 만든다

강함에 대한 동경이 지혜의 열매를 맺는다

강한 상대를 동경하는 사람

- 내키지 않는 부탁이라도 거절하지 못하고 끌려 다닌다.

- 계획 없이 쇼핑을 한다.

- 저축을 하지 않는다.

- 일정한 생활리듬이 없다.

- 외식을 많이 한다.

- 기분에 따라 화장이 달라진다.

- 머리 모양을 자주 바꾼다.

- 노트를 끝까지 사용하지 않는다.

- 일주일에 몇 번씩 두통을 느낀다.

- 한 가지 일에 한 시간 이상 집중하지 못한다.

위 항목에서 5개 이상 해당되는 사람은 의지가 약한 사람이다. 의지가 약한 사람은 순간을 즐기는 찰나주의가 많다. 이런 사람은 자신의 약점이 곧 개성이 된다. 의지가 약하다고 해서 불행해지는 것은 아니다. 또한 이러한 태도는 잘못된 것이라고 단정 지을 문제도 아니다.

그러나 인생을 사는데 여러분 자신의 의지는 중요한 역할을 한다.

모두에게 동등하게 주어진 환경이라도 의지가 없으면 행복을 얻을 수 없다.

위 항목은 여러분이 어느 정도 의지를 갖고 있는지 판단할 수 있는 자료가 될 것이다.

강한 사람이 되기 위한 방법

인생을 살아가려면 강한 힘이 필요하다. 때문에 인간은 끊임없이 자신을 단련한다. 건장한 신체를 동경하여 육체를 단련하는 사람도 있고, 질병에 걸리지 않는 튼튼한 신체를 원하는 사람도 있다. 싸움에 강한 사람이 있는가 하면 타협에 강한 사람도 있다. 그리고 권력과 돈을 가졌기 때문에 강한 힘이 있다고 생각하는 사람도 있을 것이다.

영국의 철학자 베이컨(Francis Bacon)은 이렇게 말했다.

"사소한 것에 집착하면 어떻게 진정한 강함을 얻을 수 있겠는가."

건장한 신체나 질병과의 싸움에 지지 않는 강함도 진정한 강함에 비하면 사소한 것이다. 진정한 강함이란 남녀노소를 불문하고 누구나 갖고 있으며, 갖고 있어야 한다. 인간은 본래 약한 동물이기 때문에 인생을 살아가기 위한 지혜를 모아야 한다.

요컨대, 인간의 약점이 살아가는 지혜를 제공하는 셈이다.

자신의 약점을 알고 있는 사람

약한 사람은 강한 사람이 특별한 행운을 타고났다고 생각한다. 그리고 자신은 약하기 때문에 아무 것도 할 수 없다고 자신의 인생을 포기한다. 그러나 인간의 강함은 처음부터 정해져 있는 게 아니다.

'강(强)'이라는 한자를 봐도 알 수 있다. '강(强)'의 부수는 '궁(弓: 활)'이다. '활(弓)'은 목표물이 멀수록 세게 활을 당겨야 정확히 맞출 수 있다. 마찬가지로 육체적으로 강한 사람이라도 목표가 없는 사람은 약한 존재일 수밖에 없다. 인간에게 목표가 없다면 아무리 뛰어난 재능이나 체력을 가져도 아무 소용이 없다.

진정으로 강한 사람은 자신의 약점을 아는 사람이다. 강한 사람은 자신의 약점을 극복하면서 살아가는 힘을 기른다. 난관을 극복한 사람은 고통을 이겨냈다는 자신감이 있기 때문에 그 힘으로 행복을 잡을 수 있다. 인간은 강한 의지를 가진 사람을 동경한다. 여러분은 자신만의 강한 의지를 가져야 한다. 실패를 두려워할 필요는 없다.

확고한 의지를 가지고 목표를 향해 내딛는 한 걸음이 여러분의 인생을 살아가는 원동력이 될 것이다.

지금보다 좀 더 강한 자신을 만들기 위한 시간별 메뉴

▶ 5분 동안 할 수 있는 일

– 다음 날 입을 옷을 미리 준비한다.

– 몸가짐을 바르게 한다.

– 식탁을 닦고 식사를 한다.

– 휴지통을 비운다. 불필요한 음식물 포장지는 물로 씻고 휴지통에 버린다.

– 무슨 물건이든 사용하면 씻고, 꺼냈으면 집어넣는 습관을 들인다.

▶ 30분 동안 할 수 있는 일

– 일주일에 한 번 정도는 샤워가 아닌 목욕을 즐긴다.

– 일주일 단위로 예산을 세운다.

– 일주일 동안 신을 신발을 준비해 둔다.

- 요리 프로그램이나 뉴스를 본다.

- 2주일에 한 번 정도는 사전을 본다.

▶ **3시간 동안 할 수 있는 일**

- 미술관이나 도서관에 간다.

- 목표를 정하고 도전한다. 예를 들면 마라톤, 골프, 독서, 화초 재배, 그림 그리기 등이 있다.

- 방을 새롭게 꾸민다.

- 김치를 담근다.

- 집에서 입는 옷을 직접 만든다.

3

슬픔을 통해 재산을 만든다

집착하지 않는 마음이 성장의 열매를 맺는다

사물에 대한 집착이 강한 사람

- 무슨 물건이든 잘 버리지 않는다.

- 일정대로 되지 않으면 불안하다.

- 다른 사람에게 무관심하다.

- 다른 사람과의 대화에서 혼자만 떠들고 있다는 생각이 들 때가 있다.

- 아무리 적은 금액이라도 물건을 살 때는 시간이 걸린다.

- 음식에 관심이 많다.

- 감사의 말을 잘 하지 못한다.

- 다른 사람에게 팔방미인(일반적으로 다방면에 우수한 사람을 말하나 여기에서는 여러 가지 일에 손을 대는 사람을 조롱하는 말 −역주)이라는 이야기를 자주 듣는다.

- 자신의 지갑에 얼마가 있는지 알고 있다.

- 맛있는 음식은 일단 확보해 두었다가 마지막에 먹는다.

위 항목에서 5개 이상 해당되는 사람은 사물에 대한 집착이 강한 사람이며, 7개 이상인 사람은 중증에 해당된다. 때때로 사물에 대한 집착도는 인간이 인생을 소극적으로 사는지 적극적으로 사는지를 구분하는 기준이 되기도 한다.

예를 들어 10세의 아이가 갖고 싶어하는 손수건과 30세의 어른이 원하는 손수건은 다를 수밖에 없다. 마찬가지로 음식이나 장식품의 취향도 다르다. 각 연령층에서 배우는 가치관이 다르기 때문에 어른이 되면 아이들의 생각에서 벗어나 현실에 맞게 변화해야 한다.

다시 말해, 사람은 나이가 들수록 새로운 경험과 지식을 깨우쳐야 한다. 때문에 한 가지 사물에만 집착하는 것은 새로운 변화를 받아들이지 못하고 유아적인 사고에 머물러 있는 것과 마찬가지다. 과거에 대한 집착을 버리지 못하는 것은 계속해서 새로운 것들을 받아들일 준비가 되어 있지 않다는 뜻이다.

소중한 것을 잃었을 때

우리는 종종 실패를 경험했을 때 그 기억을 지워버림으로써 새로운 삶의 생기를 얻는다. 그러나 일반적으로 사물에 대한 의존도가 높기 때문에 그 존재가 사라지면 불안을 느낀다.

같은 대상이라도 받아들이는 사람에 따라 중요도가 달라지는 이유는 개인의 가치관에 따라 사물에 대한 의존도가 다르기 때문이다. 이는 그 사람만의 세계관이라고 할 수 있는데 아무리 중요한 대상이라도 인간이 '이것은 중요한 가치를 가진다' 라고 규정한 것에 불과하다.

언젠가는 여러분 자신도 더 이상 존재하지 않게 된다. 그러면 점차 사람들에게 잊혀지고 결국은 기억에서 지워질 것이다. 그렇기 때문에 인간은 눈에 보이는 사물에 집착하면서 불확실한 자기의 존재를 확인하려는지도 모른다.

적극적으로 사는 사람

사람은 누구나 강한 집착을 가졌던 사물일수록 그것이 없어졌을 때 본래의 가치보다 좀더 그럴 듯한 것으로 생각하는 경향이 있다. 시간이 지날수록 사라진 사물의 존재를 미화시키고 자기만의 세계를 만들어 가는 것이다.

스무 살이 되어서도 어릴 적 즐겨먹던 음식에 집착하여 다른 음식은 맛이 없다고 단정 짓는 사람은 결코 새로운 세계를 만들지 못한다.

'어렸을 적엔 이 음식이 맛있었는데…' 라는 생각을 하면서도 자기 입맛에 맞는 새로운 음식을 찾는 사람은 인생을 적극적으로 즐길 줄 아는 사람이다.

이처럼 적극적으로 인생을 즐기기 위해선 과거에 집착하지 말고 항상 새로운 것을 찾아야 한다.

우리 인생은 몇 가지 단계로 나눌 수 있는데, 각 단계마다 유용한 지식과 정보가 있다. 우리는 한 곳에 머물러서는 안되며 계속해서 다음 단계로 올라가야 한다. 인생을 산다는 것은 앞으로 나아간다는 것과 같은 의미를 갖는다.

그러기 위해선 현재 자신이 가지고 있는 것을 과감하게 버려야 한다.

삼라만상에서 일어나는 모든 사물은 언젠가는 사라지기 마련이다. 그리고 또 언젠가는 이에 상응하는 새로운 사물이 생길 것이다. 과거에 집착하는 한 우리는 새로운 것을 얻을 수 없다. 한 가지 일에 최선을 다하여 만족스런 성과를 얻으면 그 일에서 깨끗하게 벗어날 수 있다.

결국 풍요로운 인생을 살기 위한 최선의 방법은 집착을 버리고, 모든 일에 최선을 다하는 것이라는 사실을 명심하자.

집착을 버리기 위한 시간별 메뉴

▶ 1분 동안 할 수 있는 일

- 웃는 얼굴로 인사한다.

- 웃는 얼굴로 감사의 말을 전한다.

- 다른 사람의 물건을 소중하게 다룬다.

- 실수를 했을 땐 이유나 변명을 대지 않는다.

- 나 때문에 잘못된 일은 솔직하게 인정하고 사과한다.

▶ 30분 동안 할 수 있는 일

- 화초에 물을 주고 잎에 묻은 먼지를 닦는다.

- 더러워진 창문을 닦는다.

- 전화기나 텔레비전, 컵을 깨끗이 닦는다.

- 앨범을 정리한다.

▶ 3시간 동안 할 수 있는 일

- 추억의 장소를 걷는다.

- 가장 적은 비용으로 3가지 요리를 만든다.

- 차를 정비하고 불필요한 물품은 처분한다.

- 급여명세서를 정리하고 연도별로 느낌을 적는다.

- 여행사를 방문하여 가고 싶은 여행지에 관한 설명을 듣는다.

4

시련을 통해 재산을 만든다

난관을 극복한 경험이 자신감이라는 열매를 맺는다

자신을 질책하는 사람

- 다른 사람을 의식한다.

- 한번 시작한 일은 도중에 포기하지 않는다.

- 식사는 정해진 시간에 한다.

- 쇼핑을 좋아한다.

- 음식은 꼭 익혀 먹는다.

- 저축을 한다.

- 목욕을 싫어한다.

- 립스틱을 수시로 바꾸고 싶다.

- 머리를 만져주면 좋아한다.

- 날씬했으면 하는 욕구가 강하다.

위 항목에서 5개 이상 해당되는 사람은 항상 자신의 인생에 대해서 불만을 갖는 사람이며, 7개 이상의 경우는 현실과 동떨어진 목표를 가진 사람이다.

이런 사람은 자신에게 무리한 요구를 하고, 잘 풀리지 않으면 쉽게 좌절하고 자신을 질책한다. 그 때문에 항상 감정이 불안정하며 작은 일에 고민하고 괴로워 한다.

그러나 자신이 괴로워 하는 이유만 알면 그 고통에서 벗어날 수 있다. 자, 가벼운 마음으로 현실에 적극적으로 맞서보자.

인간은 왜 고민하는가

인간은 왜 고민하고 괴로워 할까?

인간이 괴롭다고 느끼는 이유는 분명한 목표가 정해져 있기 때문이다. 목표에 도달하지 못하고 결단을 내리지 못하면 고민이 생긴다.

그러나 고민이 있다는 것은 삶에 대한 적극적인 에너지를 갖고 있다는 의미이기도 하다. 난관을 극복하려는 의욕이 고통의 감정을 불러 일으키기 때문이다. 자신의 강한 의지대로 살고자 하는 욕망이 강할수록 고민도 많은 법이다. 그리고 스스로의 힘으로 난관을 극복했을 때 비로소 인생의 기쁨을 느낀다. 난관을 극복하려면 먼저 여러분의 인생이 행복으로 가득하다는 사실을 깨달아야 한다.

물론 인생을 산다는 것은 무거운 짐을 짊어지는 일이기도 하다. 여기서 말하는 무거운 짐이란 인간의 욕구를 의미한다. '이렇게 했으면 좋겠다', '저렇게 됐으면 좋겠다' 고 하는 기대를 갖는다는 건 인간의 욕구가 살아있다는 증거다. 욕구가 없으면 고통은 생기지 않겠지만 마찬가지로 인생의 기쁨도 느낄 수 없다.

항상 몸을 움직이는 사람은 가만히 있는 사람보다 땀을 많이 흘리기 마련이다. 땀을 흘리면 노폐물이 나온다. 또한 몸을 활발히 움직이고 땀을 많이 흘리기 때문에 고통을 느낀다.

인간은 목표가 있으면 적극적으로 활동하게 되고 여기에 많은 에너지를 쏟아 붓는다. 때로는 그 과정에서 좌절과 실패를 경험하며 고통을 느끼기도 한다.

이때 발산하는 에너지도 노폐물이 된다. 노폐물이란 노력과 열정의 산물이다. 삶에 대한 목적 의식이나 욕구가 없는 사람에게선 이런 노폐물이 발산되지 않는다. 오늘 하루가 힘들다고 해서 내일 일을 포기하지 말라. 좌절의 에너지를 열정의 땀방울로 승화 시킬 수 있을 때 당신은 또 하나의 재산을 만들어내는 것이다.

고통을 통해 얻을 수 있는 것

그렇다면 인간은 고통을 통해 무엇을 얻고, 그것을 어떻게 인생의 재산으로 만들 수 있을까?

원래 인간은 힘든 경험을 통해 지혜와 강한 힘을 만들어낸다.

이 지혜와 강한 힘은 생산성이 있는 에너지다. 그러나 조금만 잘 못되면 증오와 원망과 같은 비생산적인 에너지를 만들어 내기도 한다.

그렇다면 비생산적인 에너지를 만드는 것은 인생을 허비하기 때문일까? 결코 그렇지 않다. 문제는 자신감이 없기 때문이다. 자신감이 없는 사람 중에는 누군가에게 사랑 받지 못한 것이 원인이 되어 그렇게 된 경우가 많다. 이런 사람에게 '인생을 사는데 고통은 필요하다', '좀 더 고생을 해봐야 한다'는 식의 이야기는 너무 잔혹하게 들릴 것이다.

물론 어릴 적부터 풍부한 애정을 받으며 자란 사람도 자신감을 잃을 때가 있다. 살다보면 누구나 살아가는 힘을 잃을 때가 있다. 가령 시험에 실패했을 때나 병에 걸렸을 때 사랑하는 사람을 잃었을 때도 인간은 살아가는 힘을 잃는다.

그러나 이런 상황은 오래 가지 않는다. 고통을 느끼는 것도 일시적인 감정일 뿐이다. 이런 일시적인 감정을 극복하면서 인간은 새로운 인생의 목표를 찾는다. 우리가 고통 속에서 살아가고 있다는 것은 그만큼 선택할 수 있는 길이 많은 세계에 살고 있다는 뜻이기도 하다.

이탈리아에 이런 속담이 있다.

'인생에서 가장 괴로운 시기는 청년기다. 왜냐하면 많은 선택권이 주어지기 때문이다. 인생에서 가장 즐거운 시기는 노년기다. 왜냐하면 선택권이 한정되어 고민거리가 적어지기 때문이다.'

인생의 재산은 수많은 고민을 통해 만들어진다. 그러나 그러기에는 시간이 한정되어 있다. 청년기는 자신의 가능성을 확인할 수 있는 시기에 해당된다. 그러므로 이 시기에는 여러가지 선택의 기로에 서서 고민하기 마련이다.

미국의 정신분석학자 에리히 프롬(Erich fromm)은 저서 '자유로부터의 도피'에서 '자유가 오히려 불행을 초래한다'라고 말했다. 그러나 불행을 경험하기 때문에 우리는 청년기라는 제한된 시간 속에서 인생을 현명하게 살아갈 수 있는 재산의 기반을 다질 수 있는 것이다.

마음을 가볍게 하기 위한 시간별 메뉴

▶ 10분 동안 할 수 있는 일

- 큰 소리로 노래를 부른다.

- 면 종류 음식은 단숨에 먹는다.

- 맘껏 달린다.

- 신문지, 잡지를 찢는다.

- '난 누구한테도 절대 지지 않아' 라고 큰소리로 외친다.

▶ 30분 동안 할 수 있는 일

- 아무 목적 없이 버스에 탄다.

- 자전거를 탄다.

- 누군가에게 전화를 건다.

- 방 청소를 한다.

▶ 1시간 동안 할 수 있는 일

- 명상을 한다.

- 요리를 한다.

- 서점에서 좋아하는 책을 찾는다.

- 맘껏 수영한다.

▶ 3시간 동안 할 수 있는 일

- 마사지를 한다.

– 맛있는 음식점을 찾아다닌다.

– 친구와 집에서 비디오를 본다.

– 고궁이나 사원을 산책한다.

제5장

후회를 통해 재산을 만든다

버릴 수 없는 감정이 활력의 열매를 맺는다

싫어하는 사람이 많은 사람

- 이름을 들으면 불쾌한 사람이 있다.

- 구역질 나는 음식이 있다.

- 유행가를 좋아한다.

- 꿈에서 다른 사람에게 이상한 행동을 취하고 있다.

- 계절이 바뀌면 기분이 이상해진다.

- 군가를 즐겨 부르고 근성이 확실한 사람이 좋다.

- 스포츠는 야구보다 복싱이나 레슬링이 좋다.

- 낭비를 하지 않는다.

- 차에 타면 바로 잠이 든다.

- 기념이 될만한 물건은 버리지 않는다.

위 항목에서 6가지 이상 해당되는 사람은 참을성이 강한 사람이다. 9개 이상인 사람은 다른 사람에게 도움을 주는 사람이다. 인간은 아무런 도움이 되지 않는 사람에게는 신경을 쓰지 않는다.

여러분이 관심을 갖는 사람이 있다면 그에게는 분명 뭔가 특별한 힘이 있다. 그 사람의 특별한 힘을 통해 여러분은 인생의 지혜를 배우게 될 것이다.

고생 끝에 행운을 잡는 것은 자신에게 주어진 악조건들을 긍정적으로 전환하려고 노력한 사람들에게 주어지는 보상과 같다.

과연 증오심은 나쁜 걸까

무엇이든 잘 버리지 못하는 사람은 절대 과거를 잊지 않는다. 그 중에는 꿈을 이루는 사람도 있다.

위의 글은 내가 집필한 '마음의 구급상자'에 나오는 문장이다.

일반적으로 증오심은 부정적인 이미지를 준다. 과연 그럴까? 원래 증오심이란 다른 사람에게 받은 굴욕감에서 시작되므로 결코 좋은 것이라고는 할 수는 없지만, 증오심이 발단이 되어 긍정적인 결과를 얻을 수 있다면 상황은 달라진다.

물은 몇 층의 지층을 지날수록 깊은 맛을 낸다고 한다. 또 중국에서는 통이 흔들릴수록 맛있는 물이 된다고 하는 말도 있다. 물과 마찬가지로 우리 인간도 살아가면서 여러 가지 난관에 막혀 흔들릴 때가 있지만 그것을 극복하면서 성장한다. 때로는 굴욕과 모욕 속에서도 인생을 살아가는 지혜를 배운다.

때문에 증오심을 부정적인 것으로만 생각해서는 안 된다. 오히려 살아가는 에너지를 만드는 중요한 요소라고 할 수 있다.

언젠가는 반드시 이뤄내겠다는 강한 의지

다시 '마음의 구급상자'의 문장을 인용하겠다.

당장은 쓸모없는 물건이라도 언젠가는 쓸 수 있다는 생각에 무엇이든 아까워하며 버리지 못하는 사람이 있다. 심리학에서는 사물에 대한 집착은 사랑의 결핍에서 생긴다고 말한다. 사물에 대한 집착이 강할수록 애정도 강하다. 집착이 강한 사람은 어디에 무엇이 있고, 어떤 것이 보관되어 있는지 잘 알고 있다.

그러므로 이것은 단순히 물건을 쌓아놓는 행동과는 사뭇 다르다. 아무 목적 없이 방치해 두기만 하는 물건은 버릴 필요가 있지만 집착이 강한 사람은 굳이 그럴 필요를 느끼지 않는다.

이런 사람은 물건이 많이 쌓여 있을수록 마음이 풍요로워진다고 생각하고, 좀더 많은 것들로 마음의 갈증이 채워지길 원한다. 집착이 강한 사람일수록 배신을 당했거나 일이 뜻대로 풀리지 않으면 후회와 적의, 분노의 감정을 강하게 느낀다.

이런 사람들의 문제점은 여러 가지 복합적인 감정이 사물에 대한 집착으로 바뀌는데 있다. 집착이 강한 사람은 '저 사람이 내게 이런 짓을 하다니, 언젠가 갚아 줄 거야' '언젠가는 이 한을 풀어야지'라는 원망을 쉽게 버리지 못하고 증오심을 키워 나간다.

이런 현상은 몇 년, 몇 십 년, 아니 몇 백 년이 지나도 사그라지지 않으며, 증오심이 밖으로 표출될 때까지 마음 속에 쌓인 앙금을 떨쳐내지 못한다. 어떤 의미에서 집착이 강하다는 것은 그만큼 순진하기 때문이다.

자, 다시 본론으로 돌아가자. 여기서 말하고자 하는 것은 사물을 중시한 나머지 쉽게 버리지 못하는 행동은 증오와 후회의 감정이 밑바탕에 있기 때문이라는 사실이다.

이런 사람은 언젠가 반드시 목표를 이뤄내겠다는 강한 의지가 확실한 목표를 갖게 하고, 스스로 그 목표를 향해 적극적으로 대처하면서 인생의 재산을 만든다.

의욕이 솟게 하는 시간별 메뉴

▶ 5분 동안 할 수 있는 일

- 쓰레기를 버린다.

- 사용한 물건은 제 자리에 갖다 놓는다.
- 신문은 깨끗하게 접어 정리한다.

▶ 10분 동안 할 수 있는 일
- 잠자리에 들기 전에 하루의 일을 메모한다.
- 자기 전에 이를 닦듯이 눈을 닦는다.
- 책을 읽는다.
- 냉장고 안을 점검한다.

▶ 30분 동안 할 수 있는 일
- 음악을 듣는다.
- 책을 읽으며 마음에 드는 문장을 체크한다.
- 근채류로 반찬을 만든다.
- 피부 관리를 한다.

▶ 1시간 동안 할 수 있는 일
- 침구류를 정리한다.
- 서류를 정리한다.

- 일주일 동안 메모한 내용을 정리한다.

- 신발이나 핸드백을 정리한다.

▶ 2시간 동안 할 수 있는 일

- 로마 시대를 배경으로 한 영화를 본다. 예를 들면 카이사르,
네로, 클레오파트라, 나폴레옹 등이 있다.

- 운동으로 땀을 뺀다.

- 교육용 비디오를 본다.

- 아이들처럼 맘껏 뛰어논다.

- 가본 적이 없는 곳을 산책한다.

- 사용하지 않는 방이나 서랍을 정리한다.

- 사원을 산책한다.

- 벌거벗은 채로 지낸다.

- 숲 속에서 지낸다.

제6장

6

불안을 통해 재산을 만든다

현실에 맞서 싸울 용기가 여유의 열매를 맺는다

문제를 회피하는 사람

- 다른 사람에게 관심이 없다.

- 누군가에게 지시 받은 일만 한다.

- 꾸중 듣는 게 두려워 무엇을 해야 좋을지 갈피를 잡지 못할 때가 있다.

- 직장에서는 꽃이 시들거나 실내가 더러워도 신경 쓰지 않는다.

- 다른 사람을 칭찬하지 않는다.

- 감정을 솔직하게 표현하지 않는다.

- 음식에 대한 집착이 강하다.

- 긍정적인 대답보다 부정적인 대답을 많이 한다.

- 자신의 생각을 정확하게 전하지 못한다.

- 자극적인 음식 재료를 즐긴다.

위 항목에서 7개 이상 해당하는 사람은 의도적이지는 않지만 자주 문제를 일으키는 사람이다. 이런 사람을 일컬어 '트러블 메이커' 라고 한다.

이들은 항상 누군가에게 지시 받은 일만 하고, 실수를 하면 변명을 늘어 놓기 때문에 상대방에게 불쾌감을 주고 책임감과 의무감이 부족한 사람이라는 인상을 준다.

때문에 이들은 문제에 관여하고 싶지 않다고 하면서도 자신도 모르게 문제의 원인을 제공하는 경우가 대부분이다.

누구나 적극적으로 현실에 대응하기는 어렵다

인간은 괴로울 때 현실을 도피하려는 성향이 있다. 그래서 때론 아무런 생각도 하지 않는 방법을 택하곤 한다. 문제가 현실로 다가왔는데도 괜한 걱정따위로 시간을 낭비하지 않겠다는 투로 자신의 시야를 가린다. 보고도 못본 척, 알고도 모른 척하면 문제를 회피할 수 있다고 생각한다.

이런 행동은 당장은 마음이 편할지 모르나 근본적으로 문제를 해결할 수는 없다.

컵에 물이 가득 들어있다고 하자. 조금만 움직여도 물이 넘친다. 인간이 고통을 느낄 때의 감정은 컵에 담긴 물과 같아서, 넘치지 않게 하려면 자극을 주지 말아야 한다. 그래서 인간은 종종 자극을 주지 않기 위해 현실을 보고도 못 본 척한다.

그리고는 지금 자신은 정신적으로나 육체적으로 많이 지쳤기 때문에 현실에서 벗어나고 싶다고 생각한다. 그러나 실제로는 지쳐서 그런 것이 아니라, 하고 싶은 일을 잘 해낼 자신이 없는 스스로에게 분노를 느끼기 때문이다.

여러분은 혹시 자신의 행동이 다른 사람에게 비판을 받지는 않을까 두려워하며 스스로를 질책하고 있지는 않은가?

자신을 표현하는 사람과 표현하지 못하는 사람

지나치게 남을 의식하는 사람은 자신을 잘 표현하지 않는다. 대부분 이런 사람들은 자신이 무엇을 해야 할지 판단을 내리지 못하고 남에게 의존하려고만 든다. 그런데 이런 식으로 남에게 기대는 습성이 길러지다 보면 매사에 정신적인 압박감을 느끼게 되고 결국은 자신도 모르는 사이에 상대방을 증오하는 마음이 생긴다.

누구에게나 인생의 굴곡이 있기 마련이다. 그러니 실패했다고 해서 자신을 숨길 필요는 없다. 지금 당신에게 필요한 것은 실패의 경험을 새로운 인생의 재산으로 만드려는 건강한 정신이다.

당신이 포기하면 당신의 인생도 끝난다.

진정한 행복은 자신의 마음 속에 있다. 그리고 그 마음이 당신의 인생을 결정한다. 자기 자신이 세상에게 가장 행복하다고 생각하면 정말로 그렇게 될 것이며, 반대로 당신이 세상에서 가장 불행하다고 생각하면 또한 정말로 가장 불행한 사람이 될 것이다.

아무리 많은 돈을 주더라도 풍요로운 마음은 살 수 없다. 물질적으로 부유하더라도 마음이 풍요롭지 못하면 그 부유함은 아무 소용이 없다. 풍요로운 마음이 없으면 눈으로 볼 수 있는 사물에만 집착하게 되고 점차 욕심이 커진다. 그렇게 되면 행복을 만드는 건강한 마음을 잃게 된다.

풍요로운 마음은 일상생활을 충실하게 보내는 가운데 만들어진다. 날마다 하루 하루를 충실하게 보내려는 마음을 갖고 생활해야 한다. 생활이란 글자 그대로 활기차게 하루를 살아가는 것이다. 생활에 불만과 불평을 품으면 절대 풍요로운 마음이 생기지 않는다는 점을 명심하자.

자신과 맞서기 위한 시간별 메뉴

▶ 15분이라도 좋으니 실천해 보자.

– 다른 사람과 대화를 통해 마음의 안정을 찾을 수 있다. 당신이 자포자기하기 전에 마음의 안정을 줄 수 있는 사람을 사귄다.

– 자신의 장점과 단점을 기록한다.

– 자신의 생일에 무엇을 할지 기록한다.

- 의자에 앉아 명상을 한다.

- 나약한 말을 하지 않는 날을 정하고 그 날을 빨간 장미의 날로 기념한다. 그리고 자신에게 장미를 한 송이 선물한다.

제7장

위기를 통해 재산을 만든다

피하지 않으려는 노력이 성과의 열매를 맺는다

섣불리 불가능하다고 단정 짓는 사람

– '어떻게든 되겠지' 라고 생각한 일은 대부분 나쁜 결과를 가져온다.

– '저 사람만 없었으면…' 하는 생각을 한 적이 있다.

– 서류를 여러 차례 수정한다.

– 문을 잠그고 나왔는지 기억나지 않을 때는 반드시 점검을 해야 안심이 된다.

– 뭔가에 열중하지 못한다.

– 다른 사람에게 약점을 보이고 싶지 않다.

– 지시 받은 일 외에는 절대로 하지 않는다.

– 공포 영화를 좋아한다.

– 항상 두려움을 갖고 있다.

– 자신이 잘못을 저질러도 사과하지 않는다.

위 항목에서 7개 이상 해당하는 사람은 대부분의 일을 '어차피 해봐야 소용없다' 고 섣불리 단정 짓는 경우가 많다. 이는 항상 주위의 눈을 의식하기 때문이다.

당신은 혹시 질책을 받을까 두려워 아무 것도 하지 않겠다는 안

일한 생각을 한 적은 없는가? 어차피 해봐야 소용없다는 생각은 현실을 도피하는 것에 불과하며, 눈 앞에 닥친 현실을 도피했더라도 또 다른 현실에 쫓길 뿐이다.

지금의 자신을 믿고 자신의 의지대로 행동해 보자. 그러면 자신의 행동이 헛되지 않았다는 것을 알 수 있을 것이다.

지금 할 수 있는 일을 생각해 보자

산에서 길을 잃었을 때, '아~이젠 틀렸어' 하고 포기하는 사람이 있는가 하면 '지금은 여름이니까 어떻게든 버틸 수 있을 거야' 혹은 '먹을 게 있으니 침착하게 앞으로 어떻게 할지 생각해 보자' 하고 긍정적으로 생각하는 사람도 있다. 같은 경험이라도 받아들이는 사람에 따라 생각이 다르다.

여러분은 산에서 길을 잃고 포기하는 사람을 어리석다고 생각하는가? 아니면 소심하다고 비웃을 것인가? 직접 경험하지 않은 사람이라면 그 상황을 객관적으로 냉정하게 판단할 수도 있을 것이다.

그러나 실제로 자신이 당사자가 됐을 경우에도 과연 냉정하게 대처할 수 있는지 생각해 보자. 살아있는 한 모든 사람은 고민을 갖고 있다. 또 누구나 한두 번은 절망감을 맛본다. 절망까지는 아니라도 '이젠 다 틀렸어. 이대로 포기해야 한단 말인가?' 하는 좌절감을 맛본 적이 있을 것이다.

대학에 떨어졌을 때나 돌이킬 수 없는 실패에 직면했을 때, 건강 상태가 나빠졌을 때 인간은 나약해지고 쉽게 절망에 빠진다. 그러나 인간은 자신에게 닥친 시련을 극복하고자 하는 강한 의지를 갖고 있다.

소겐(無學祖元: 가마쿠라 시대의 선종의 전파로 호조 토키무네에게 초빙되어 원각사의 개조가 된다-역주)선사는 겹겹이 닥쳐오는 인생의 위기를 지혜롭게 극복한 인물이다.

13세기 말, 일본이 원(元)의 조공 요구를 거절하자 원은 여러 차례에 걸쳐 일본 규슈 지방을 습격했다. 당시의 권력자인 호조 토키무네는 언제 시작될지 모르는 원의 공격에 매일 밤을 뜬눈으로 지새야 했다. 당시 원은 막강한 군사력을 갖추고 있었고 그런 원에 대항하는 것은 어린아이가 어른에게 도전하는 것과 마찬가지였다.

패배할 게 분명했지만 싸움을 피할 수는 없었고 죽음은 불가피했다. 가만히 앉아서 죽음을 기다려야 했던 토키무네의 마음은 말할 수 없이 고통스러웠을 것이다. 생각 끝에 토키무네는 소겐 선사를 찾았다.

"어떻게 하면 불안과 공포를 없앨 수 있겠는가?"

"지금 할 수 있는 일에 전력을 다 하십시오."

'지금 자신이 할 수 있는 일에 최선을 다하라'는 소겐 선사의 충고는 궁지에 몰린 사람에겐 막연하게 들릴 수도 있었을 것이다. 절망에 빠진 토키무네가 원하는 대답은 문제를 바로 해결할 수 있는 구체적인 방법이었다. 그러나 선사는 그저 '자신이 할 수 있는 일을 하면 된다'라고 충고했다.

토키무네는 반신반의하면서도 결국 선사의 말을 따를 수밖에 없었다. 달리 좋은 방법이 없었기 때문이다. 그는 원의 침공이 잦은 해안 일대에 돌로 둑을 만들었다. 이 때 만든 둑은 훗날 원의 침공을 막는데 상당한 역할을 했다.

사람은 위기에 닥치면 초조함을 느끼고 무기력해진다. 이럴 때일수록 현재 할 수 있는 일에 전력을 다하는 행동이 위기를 극복할 수 있는 가장 큰 힘이 된다는 사실을 명심하자.

포기하지 말자

어떤 일이든 행동에 옮겨야 비로소 살아가는 에너지를 발산한다. 적극적으로 현실에 대처하면 인생을 살아갈 용기와 자신감을 얻을 수 있다.

쉽게 포기해서는 안 된다.

선사는 그것을 말하고 싶었던 것이리라.

불안과 공포, 절망감은 스스로 만들어낸 감정일 뿐이며 실제로는 존재하지 않는다. 그러나 불안과 공포가 그대로 현실이 되리라는 생각에 인간은 섣불리 모든 걸 포기한다.

고난은 그 사람이 어떻게 받아들이는가에 따라 커지기도 하고 작아지기도 한다. 인간은 위기를 극복하면서 인생의 지혜를 얻는다. 위기에 부딪쳤을 때 '좋아, 한번 해 보는 거야'라고 적극적으로 대처한다면 인생을 살아갈 강한 힘을 얻을 수 있을 것이다.

위기를 극복하기 위한 시간별 메뉴

▶ 1분 동안 할 수 있는 일

- 아침에 일어나 살아있음에 감사한다.

- 간단하게 샤워를 하거나 양치질이나 세수를 하면서 하루의

리듬을 유지한다.

  - 심호흡을 한다.

  - 집을 나서며 '오늘 하루를 후회 없이 보내자'고 다짐한다.

▶ 30분 동안 할 수 있는 일

- 냉장고 안에 남은 음식을 버린다.

- 신지 않는 신발과 양말을 과감히 버린다.

- 불필요한 물건을 버리거나 방을 정리한다.

- 로마제국에 관한 책을 산다. 특히 카이사르(줄리어스 시저: 로마 공화정 말기의 정치가로 풍부한 인간성과 탁월한 정치로 많은 위기를 극복하고 정치가로 명성을 얻었다-역주)의 사상과 그의 일생을 다룬 책이 좋다.

▶ 3시간 동안 할 수 있는 일

- B4 종이에 앞으로 남은 인생을 계획한다.

- 창조적인 아이디어로 한 달 동안의 생활 계획표를 만든다.

- 2주일 동안 실행할 절약 예정표를 만든다.

- 처리하지 못한 일의 원인을 메모한다.

- 자신의 약점을 적는다.

제8장

휴식을 통해 재산을 만든다

움직이지 않는 시간이 감사의 열매를 맺는다

건강에 자신 있는 사람

- 식사에 신경을 쓴다.

- 새치기는 용납할 수 없다.

- 무엇이든 남겨둔다.

- 냉장고에는 음식을 많이 남겨 두지 않는다.

- 상대가 자신의 요구에 응해주지 않으면 불만을 품는다.

- 실패를 두려워한다.

- 기름진 음식과 자극이 강한 음식을 즐긴다.

- 자신과 관련된 사건은 절대 잊지 않는다.

- 수분을 잘 섭취하지 않는다.

- 좋아하는 음식은 질릴 때까지 먹는다.

살면서 단 한번도 질병에 걸리지 않는 사람은 없을 것이다. 그러므로 자신의 건강 상태를 과신하기보다는 평소에 다소 약한 부분을 정기적으로 검진하여 건강을 유지해야 한다. 위 항목은 병이라고 할 정도는 아니지만 신체의 불편한 정도를 체크하는 항목이다. 이 중 6개 이상 해당하는 사람은 불필요한 곳에 에너지를 소비하는 사람이다. 이런 사람들은 과로, 분노, 욕심, 스트레스로 인해

요통, 어깨 결림, 두통의 증상이 나타나기도 한다.

인생은 흘러가는 물과 같아서 다시는 돌아오지 않는다. 그러므로 불필요한 곳에 에너지를 낭비하지 말고 좀더 인생을 즐기자.

모든 의욕이 사라질 때

같은 1시간이라도 길게 느껴질 때가 있는가 하면 짧게 느껴질 때도 있다. 남의 지시에 따라 생활하는 시간은 길게 느껴진다. 이 시간은 자신의 의지대로 행동할 수 없기 때문에 지루하고 고통스럽고 마음이 무겁다. 이 때 생기는 마음의 무게가 시간을 길게 느껴지도록 만든다.

반면 능동적으로 행동하는 시간은 짧게 느껴지고 마음이 한결 가볍고 즐겁다. 같은 시간이라도 보다 능동적으로 행동하려면 무엇보다 건강이 중요하다.

여기서 말하는 건강이란 육체적, 정신적 건강을 의미한다. 인간은 열이 조금만 나도 사고력이 둔화되고 무기력해진다. 결국 무엇을 하려는 의욕이 저하되고 식욕도 감소한다. 조금 전까지만 해도 억누를 수 없던 분노마저 어떻게 되든 상관하지 않고 빨리 통증이 낫기만을 바란다.

증오와 욕망도 건강할 때나 느낄 수 있는 감정이다. 그러나 인간은 병에 걸렸을 때야 비로소 그 사실을 깨닫는다는데 문제가 있다.

진정한 행복을 깨닫고 항상 감사한다

평소의 잘못된 생활 습관이 질병을 만든다. 몸이 아프다는 호소는 자신을 과신한 나머지 겸허함을 잃었다는 것에 대한 경고다. 우리는 육체적인 고통을 통해 감사하는 마음과 동정심을 갖게 되고 다시 마음의 건강을 되찾는다.

일반적으로 감기에 걸렸거나 과음해서 간장이 나빠지는 등 몸이 아프면 불쾌하고 우울해진다. 그러나 생각을 달리하면 무리하지 말고 자신을 아끼라는 가르침으로 받아들일 수 있다.

예를 들어 발가락 하나가 부러졌다고 하자. 겨우 발가락 하나가 부러졌는데도 걷기는 상당히 불편하다. 이때서야 발가락 하나에 감사하는 마음이 생긴다.

병에 걸렸거나 상처가 생기면 건강에 대한 고마운 마음이 몇 배로 늘어난다. 비록 당장은 원하는 것을 얻을 수 없더라도 건강을 잃지 않으면 언젠가 반드시 꿈을 이룰 수 있을 거라는 생각으로

역경을 이겨나갈 힘을 얻기도 한다.

그러므로 건강의 고마움을 아는 사람은 진정한 행복이 뭔지를 아는 사람이다.

건강한 마음을 유지하기 위한 시간별 메뉴

‑ 1년에 한 번씩 건강 진단을 받는다.

‑ 1년에 두 번씩 치아 검사를 받는다.

‑ 매월 혈압을 체크한다.

‑ 매월 1시간 정도 산책을 한다.

‑ 매주 세 번씩 야채 주스를 마신다. 단, 인삼 주스만은 영양분이 파괴되므로 다른 야채와 섞어 먹지 않는다.

‑ 일주일에 서너 번은 된장찌개를 먹는다.

‑ 매일 식초와 두부를 먹는다.

‑ 밤을 새지 않는다.

‑ 술은 연달아 마시지 말고 하루 걸러 마신다.

‑ 자기 전에 '아, 행복해' 라고 말하고 잠자리에 든다.

제9장

습관을 통해 재산을 만든다

아무렇지도 않은 일상이 평온의 열매를 맺는다

참견하는 사람

- 보는 사람이 없으면 아무 것도 하지 않는다.

- 뭐든 보살피기를 좋아한다.

- 주변에 끊임없이 문제가 발생한다.

- 담배와 술을 끊지 못한다.

- 옷은 백화점보다 단골 가게에서 주로 구입한다.

- 외출을 즐긴다.

- 방이 지저분하면 신경이 쓰인다.

- 혼자 있는 시간이 싫다.

- 추리소설을 좋아한다.

- 시간을 잘 활용하지 못한다.

위 항목에서 6개 이상 해당하는 사람은 다시 한번 자신의 인간 관계를 돌아볼 필요가 있다. 이런 사람은 자신도 모르는 사이에 문제의 원인을 제공한다. 문제의 원인은 대부분 정서가 메마른 상태에서 불만이 쌓였기 때문에 비롯되는 것이다.

이런 사람들 주변에는 비슷한 유형의 사람이 꼬이기 때문에 항상 서로에게 욕설을 퍼붓고 끊임없이 상처를 준다. 언뜻 보기엔 사이가 좋은 것 같아도 서로가 뒤에서 다른 소리를 하고 다닐지 모른다는 불안감을 갖고 있다.

그런 불안을 안고 있으면 인간관계로 인해 스트레스가 쌓이고 그것이 원인이 되어 고민이 생기고 항상 우울하기 마련이다. 그렇다고 언제까지나 우울해 할 수만은 없다. 문제가 생기면 적극적으로 해결하려는 마음가짐이 필요하다.

규칙적인 생활은 귀찮은가

규칙적인 생활 습관을 익히려고 생각하면 왠지 의무감이 앞서 귀찮게 생각될지도 모른다. 습관이란 생활의 리듬을 의미한다. 고통으로 감정에 변화가 생기면 생활 리듬이 깨진다. 이렇듯 작은 고민거리만 있어도 인간은 의욕을 상실하고 쉽게 우울증에 빠진다.

리듬이 깨지면 모든 일이 순조롭게 진행되지 않는다. 반면 고민이 없으면 항상 일정한 리듬을 유지할 수 있어 일을 진행하는데도 문제가 없다. 청소를 할 때도 마음을 담아 정성스럽게 하면 훨씬 깨끗해진다. 인생도 이와 마찬가지다.

작은 것을 소홀히 하지 않는 생활 방식은 심신을 건강하게 하고, 이런 작은 일들이 모여 인생의 목표와 보람을 일깨워 주는 원동력이 되는 것이다.

인생에 필요한 사람이 되기 위한 생활방식

언젠가 작은 산골 부락에서 도롱이를 만드는 90세 된 노인을 만난 적이 있다. 나는 그 때 이 노인을 통해 참된 행복이 어떤 것인지 깨달았다. 노인은 차분한 목소리로 이런 말을 했다.

"매일, 일터에 와서 라디오를 들으며 도롱이를 만들고 있으면 눈 깜짝할 사이에 하루가 지나갑니다. 가끔 고드름이 녹는 소리를 들으며 뜨거운 차를 마시는 시간들이 정말로 행복하답니다. 산 속의 겨울은 지루할 거라 생각하지만 순식간에 봄이 오죠."

완성된 도롱이를 며칠 동안 쌓인 눈 속에 두면 처음 만들었을 때보다 튼튼해진다고 한다.

노인은 몇 십 년 동안 도롱이를 만드는 일을 반복하며 살아왔다. 주변 사람들에게 그는 부러움의 대상이었으며 없어서는 안 될 필요한 존재였다. 이러한 주변 사람들의 관심은 노인이 도롱이를 만들며 겨울을 즐겁게 보낼 수 있도록 하는 활력의 원천이 되었다.

어떤 사람은 평범한 인생은 무의미하다고 여기고 보다 자극적인 일만 찾아 다닌다. 또 자극이 없기 때문에 보람을 찾지 못한다고 불평하는 사람도 있다. 그러나 변하지 않는 평범한 일상 가운데서도 작은 습관을 만들며 보람이 될만한 목적을 찾을 수 있다.

당신은 지금 인생에 필요한 사람이 되기 위한 생활 습관을 만들고 있는가?

규칙적인 습관을 익히기 위한 시간별 메뉴

▶ 1분 동안 할 수 있는 일

- 전화기를 닦는다.

- 부모님께 전화를 건다.

- 양치질을 한다.

- 오늘도 최선을 다하자고 다짐한다.

▶ 10분 동안 할 수 있는 일

- 옷을 손질한다.

- 신문을 읽는다.

- 주변을 정리한다.

– 장식품을 닦는다.

▶ **30분 동안 할 수 있는 일**

– 라디오 영어 회화 프로그램을 청취한다.

– 뉴스를 본다.

– 교육 방송을 본다.

– 도시락을 만든다.

▶ **4시간 동안 할 수 있는 일**

– 바둑, 장기, 다과, 꽃꽂이 등 취미 생활을 즐긴다.

– 마사지 등으로 전신을 단련한다.

– 집에서 조촐한 파티를 연다.

– 생활용품이나 반찬거리를 산다.

제10장

연령을 통해 재산을 만든다

작은 축적이 젊음의 열매를 맺는다

과거에 집착하지 않는 사람

– 앨범을 정리하지 않는다.

– 오래된 여권 사진을 가끔 본다.

– 추억의 장소가 있다.

– 마음에 남는 유행가가 있다.

– 어머니의 음식 맛을 구분할 수 있다.

– 기억에 남는 향기가 있다.

– 첫사랑을 만나고 싶다.

– 과거를 떠올리고 싶지 않다.

– 연꽃, 해바라기, 튤립, 민들레, 벚꽃 등을 보면 어린 시절의 추억이 생각난다.

– '코난', '들장미 소녀 캔디', '드래곤 볼'이 유행할 때 자신이 무엇을 하고 있었는지 기억하고 있다.

위 항목에서 7개 이상 해당하는 사람은 자신의 인생을 사는 사람이다. 이런 사람들은 슬픔, 고통, 기쁨을 정면으로 받아들인다. 옛날을 그리워하지만 과거에 집착하지는 않는다. 과거가 있고 현재가 있는 것이다. 또 현재가 있기 때문에 미래가 있는 것이다.

우리는 과거에 머물러서는 안 되며 지금에 만족해서도 안 된다. 과거와 현재를 발판으로 미래를 향해 나아갈 때 인생의 재산을 좀 더 크게 늘일 수 있다는 사실을 명심하자.

젊어야 가치가 있을까

나이에 신경 쓰는 사람과 그렇지 않는 사람은 아름다움에 대한 가치관이 다르다는 차이가 있다. 우리는 아름다운 꽃, 맑은 호수, 우아한 몸가짐 등 눈에 보이는 것만으로 사물의 가치를 판단하는 경우가 많다.

사람에 따라서는 이런 판단 기준이 절대적인 기준이 되기도 한다. 80세가 넘은 고령이지만 전혀 나이를 의식할 수 없는 부인을 만난 적이 있다.

"젊었을 땐 그다지 피부가 좋지 않았어요. 다른 사람과 다른 게 있다면 피부 관리를 게을리 하지 않았습니다. 덕분에 나이가 들어도 이런 피부를 유지할 수 있었어요. 피부를 유지하는 비결은 세안과 식사 그리고 수면에 있습니다. 그 다음은 즐거운 일, 기쁜 일을 스스로 만드는 것입니다. 매일 모든 일에 최선을 다하는 게 중요합니다. 나는 항상 행복한 생각을 합니다. 세수를 하고 거울에 비친 내 모습을 보며 기분 좋은 생각을 합니다. 그런 생각만으로도 행복합니다. 이런 기분은 돈으로도 살 수 없습니다."

자, 그렇다면 이 부인이 50년 동안 꾸준히 해온 세안 방법을 알아보자.

⑴ 먼저 비누로 거품을 내서 얼굴의 노폐물을 닦는다.

⑵ 미지근한 물로 어루만지듯이 닦는다.

⑶ 마지막으로 찬물로 훔쳐내듯이 세안을 마무리 한다.

그녀는 이 과정을 50년 동안 계속하여 80세를 넘은 나이에도 노화를 느낄 수 없는 탱탱한 피부를 유지한 것이다.

비록 사소한 일일지라도 강한 의지와 지속적인 행동이 있으면 시간이 흐른 뒤에 반드시 좋은 성과를 가져다 줄 것이다.

나이가 들어도 빛을 발하는 사람

사람 됨됨이가 좋아야 진정한 멋쟁이라 할 수 있다.

여자라면 누구나 태어날 때부터 우아하고 멋지게 살고자 하는 바람을 가지고 있을 것이다. 그러려면 시간을 들여 작은 일이라도 지속적으로 해야 한다.

유년기의 아름다움은 무한한 꿈에 맞서 나가는 태도에서 나오고, 노년기의 아름다움은 칠흑 같은 밤을 비추는 보름달과 같은 삶의 자세에서 비롯되는 것이다.

젊어서 허송세월을 보낸 사람일수록 나이가 들면 젊어 보이는 것에 집착하는 경향이 강하다. 자신이 원하는 일을 이루지 못한 사람은 현재의 자신에게도 애정을 갖지 못하는 법이다.

'그때 그렇게 했더라면 지금은 좀더 나아졌을 텐데, 이젠 너무 늦었어.'

이런 생각을 하다보면 그저 덧없이 늙어버린 자신이 애처로울 뿐이다.

아무리 작은 일이라도 좋다. 목적을 가지고 매일 작은 노력을 기울인다면 꿈은 반드시 이루어진다. 이를 닦을 때도 지금보다 좀더 정성스럽게 닦아보자. 저축을 하더라도 한번에 큰 액수를 저금하기보다 적당한 금액을 몇 십 년 동안 꾸준히 모아보자.

이런 작은 노력들이 모여 멋진 인생의 재산을 만들어 줄 것이다.

멋지게 나이를 먹기 위한 시간별 메뉴
▶ 1분 동안 할 수 있는 일

이 시간을 통해 매일 작은 노력을 기울이자.

- 현관에 예쁜 저금통을 준비하자. 그리고 외출할 때마다 좋은 일이 있도록 기원하며 동전을 넣는다.

- 발바닥 마사지를 한다.

- 신문에 실린 책 광고를 읽는다.

- 필요 없는 물건은 버리는 습관을 들인다.

- 화초에 관심을 가진다.

▶ 30분 동안 할 수 있는 일

이 시간을 통해 바쁜 일상에서 자신을 찾자.

- 한밤중에 산책을 한다. 낮에 들리지 않았던 다양한 소리의 세계에 빠져보자.

- 초조했던 경험이나 울적했던 경험을 노트에 써본다.

- 침대 위에서 뱀처럼 몸을 자유롭게 움직인다.

- 과녁을 만들어 힘껏 공을 던진다.

- 때로는 복권을 산다.

- 10년 후 자신의 얼굴을 그린다.

▶ 3시간 동안 할 수 있는 일

이 시간을 통해 자신의 의외성을 찾아보자. 그동안 미처 깨닫지 못했던 당신의 생활 방식을 발견하게 될 것이다.

- 5년 전, 3년 전 그리고 1년 전의 통장을 꺼내본다.
- 5년 동안 샀던 책의 목록을 기록한다.
- 자신의 몸을 살펴본다. 그리고 5년 동안 어떻게 변했는지 기록한다.
- 5년 동안 구입한 물품을 기록한다.
- 5년 동안 경험한 여행, 취미, 레저 등을 기록한다.

▶ 일요일에 할 수 있는 일

자신의 리듬에 맞춘 하루 일정표를 짜보자. 참고로 나의 하루 일과를 적어보자면(식사와 텔레비전 시청은 생략) 다음과 같다.

- 오전 : 음악을 들으며 목욕을 한다. 새들에게 모이를 주거나 잔디를 손질한다.
- 오후 : 공원에서 산책을 한다. 나뭇잎 사이로 불어오는 산들바람에 몸을 맡기고 명상을 한다. 태양이 서쪽으로 기울 때쯤 잡목림 사이 길을 걷는다. 아무 생각 없이 오로지 좋아하는 길을 걷

는다. 길에도 자신의 기호가 있다. 때문에 좋아하는 길은 아무리 오래 걸어도 지치지 않는다. 걸을 땐 최대한 경쾌한 걸음걸이로 걷는다. 공원 벤치에 앉아 화초와 새, 공원의 향기를 온 몸으로 느낀다.

　– 저녁 : 독서를 한다. 지금은 '소크라테스의 사상과 교육'을 읽고 있다. 샤워를 한다. 가끔은 일년 후 나 자신의 모습을 크레용으로 그려보기도 한다.

제11장

신용을 통해 재산을 만든다

약속을 지키려는 성실함이 온정의 열매를 맺는다

현재에 만족하는 사람

- 모든 사람과 친구가 된다.

- 항상 시간에 신경 쓴다.

- 약속 당일이 되면 모든 게 귀찮다.

- 상대에게 모든 것을 맞춘다.

- 돈 관리를 잘 못한다.

- 치아 관리를 게을리 한다.

- 오랫동안 집착하는 일이 있다.

- 얼룩을 쉽게 찾아낸다.

- 세탁물을 쌓아두지 않는다.

위 항목에서 4개 이상 해당하는 사람은 현실에 만족하지 못하는 사람이다. 모든 일을 자신의 뜻대로 하길 원하며 감정적인 태도를 취하는 경향이 있다. 때문에 건설적인 에너지를 만들지 못한다. 어떻게 하면 좀더 건설적인 에너지를 만들 수 있는지 곰곰이 생각해보자.

신용 있는 사람의 생활 방식

한 은행의 지점장이 이런 이야기를 해 주었다.

"한번에 억 단위로 예금한 사람과 만 단위지만 몇 십 년 동안 꾸준히 예금한 사람이 있다고 합시다. 만약 두 사람 모두 자금 융자를 의뢰했다면 난 몇 십 년 동안 우리 은행과 거래를 한 사람을 선택할 겁니다. 거액의 돈이나 권력만으로 그 사람의 신용을 평가해서는 안됩니다. 그 사람의 생활 방식을 평가해야 합니다."

신용은 하루 아침에 만들어지는 게 아니다. 신용을 얻으려면 오랜 시간이 필요하다. 오랜 시간 속에 그 사람의 생활 방식이 그대로 응축되어 있기 때문이다. 강한 의지와 행동력 그리고 오랜 시간 지켜온 성실함이 신용을 만든다.

논어(論語)에 이런 이야기가 있다.

'공경하는 마음이 없으면 개나 말과 무엇이 다르겠는가.'

나는 이 이야기를 진정으로 자신을 사랑하는 사람만이 다른 사람과 진실된 만남을 가질 수 있고 상대방을 이해할 수 있다는 의미로 받아들였다.

자신의 인생을 소중하게 사는 사람은 다른 사람과의 만남을 소중히 여기고 상대를 이해하려 끊임없이 노력한다. 인간은 절대 혼자서는 살 수 없기 때문이다. 인간은 다른 사람을 통해 보다 풍요로운 인생을 만든다.

존 레논은 '약속은 성스러운 것이다' 라고 말했다. 바람직한 인간관계란 서로 존중하며 작은 약속이라도 성실하게 지켜가는 동안에 신용이라는 재산을 만들어내는 것이다. 이렇게 만들어진 재산은 쉽게 사라지지 않는다. 신용은 돈으로 살 수 없는 소중한 재산이라는 것을 항상 명심하자.

돈으로 살 수 없는 재산의 가치

많은 사람들이 돈에 집착한다. 돈이면 모든 것을 해결할 수 있다고 생각하기 때문이다.

이런 생각도 무리는 아니다. 실제로 돈은 우리의 인생을 만족스럽게 한다. 해외여행을 가고 싶을 때나, 새 옷을 사고 싶을 때, 쉬고 싶을 때 돈만 있으면 이런 소망을 이룰 수 있다. 때문에 인간은 돈의 포로가 되기도 한다.

그러나 진정한 부자는 돈이 얼마나 무력한지를 잘 알고 있다. 그들은 돈으로는 진정한 행복을 얻을 수 없다는 것을 알고 있기 때문이다.

돈만 있으면 무엇이든 얻을 수 있다고 생각하는 사람도 있다. 그러나 현실은 다르다. 돈으로 살 수 있는 행복은 밤하늘에 잠시 반짝이다 사라지는 별똥별과 같다. 아무리 많은 돈을 주고도 사람의 마음을 살 수는 없다. 사랑이나 건강, 죽음도 마찬가지다. 돈으로 살 수 있는 것은 인간이 만들어낸 것에 한정되어 있다.

우리는 종종 사랑하는 마음과 신용이라는 중요한 재산을 잊고 산다. 지금부터라도 늦지 않았다. 좀더 풍요로운 인생을 위해 신용의 재산을 만들어 보자.

신뢰를 쌓기 위한 시간별 메뉴

▶ 1초 동안 할 수 있는 일

- 매일 아침 세안할 때 거울을 보며 '절대 무리를 하지 말자. 자만하지 말자. 경솔하게 행동하지 말자'고 다짐한다.

- 웃는 얼굴로 인사한다.

▶ 5분 동안 할 수 있는 일

- 누군가에게 차를 대접한다. 항상 같은 사람일 경우는 시간을 정해서 대접한다.

－ 분리수거 때문에 지저분해진 수거 장소를 청소한다.

－ 요일을 정해 가족의 신발을 닦는다.

ㄱ － 직장에서 다른 사람이 버린 빈 캔 등을 정리한다.

▶ 30분 동안 할 수 있는 일

－ 손수건, 블라우스, 스커트, 바지 등을 손질한다. 한 달 동안의 복장을 살펴보면 그 사람이 어떤 생활을 하는지 알 수 있다. 누군가 여러분을 보고 있는지도 모른다. 새 옷인지, 요즘 유행하는 옷인지, 고급인지는 상관없다. 얼마나 정성스럽게 손질했는지가 중요하다.

－ 양말, 핸드백을 정리한다.

－ 일주일에 한번 요일을 정해 간단하게 감사의 마음을 담은 편지를 쓴다.

▶ 1시간 동안 할 수 있는 일

미뤄두었던 일을 조금씩 정리해 보자.

－ 보통 자신이 없는 분야나 하기 힘든 일은 뒤로 미루는 경우가 많다. 그로 인해 기일에 쫓기기도 한다. 매일 1시간 정도 계획을

세워 조금씩 처리한다. 일단 일에 리듬이 붙으면 나머지는 놀라울
정도로 순조롭게 진행된다. 당신도 이 방법을 써보면 좀더 빨리
시작했으면 좋았을 거라는 생각을 하게 될 것이다. 무엇보다 가능
한 한 일을 재촉받기 전에 끝마치는 게 중요하다. 늦게까지 놀고
싶을 땐 휴일에 약속을 정한다.

  – 일주일에 두세 번씩 새벽까지 만남을 갖는 사람은 좋은 사람
일지는 모르지만 신용할 수 있는 사람은 아니다.

12

목표를 통해 재산을 만든다

우선순위를 붙여 성취의 열매를 맺는다

목표를 달성하지 못하는 사람

– 좋아하는 음식이 있으면 그 날 전부 먹어치운다.

– 쇼핑을 하지 않으면 불안하다.

– 잘못을 지적 받으면 의기소침해진다.

– 한 가지 일을 오랫동안 지속하지 못한다.

– 한 가지 일에 빠져들면 다른 일은 잊어버린다.

– 저축은 하지만 바로 인출한다.

– 바지 주름에 신경 쓰지 않는다.

– 브랜드 상품이 좋다.

– 신발 바닥이 더러워도 신경 쓰지 않는다.

– 시간 관리를 철저하게 못한다.

위의 항목에 5개 이상 해당하는 사람은 인생의 재산을 손에 넣기가 힘들지도 모른다. 왜냐하면 이런 사람은 현실적인 목표가 없기 때문이다.

자신이 정말로 원하는 인생의 재산을 얻으려면 평소에 꾸준한 노력을 기울여야 한다. 물론 쉬운 일은 아니지만 시간을 잘 활용하면 인생의 재산을 늘릴 수 있다. 사람마다 시간을 어떻게 활용하느냐에 따라 인생의 재산은 늘어날 수도 있고 반대로 줄어들 수도 있다.

시간은 누구한테나 동등하게 주어진다. 지금 당신은 자신에게 주어진 시간을 낭비하고 있지는 않은가?

계획을 세워 일을 진행하자

지금 무엇을 하면 좋을지 모르는 사람은 우선순위를 정하지 못한 사람이다. 그저 바쁘기만 하고 무엇 하나 정리되어 있지 않기 때문에 일을 해도 실속을 기대하긴 어렵다. 우선순위를 정하지 않으면 계획적으로 일을 진행할 수 없다. 일을 하면서도 점차 편한 길만 선택하려는 습성이 몸에 밴다.

가장 중요한 것은 인생의 우선순위를 정해두는 일이다. 아무리 열심히 살아보려고 노력해도 해를 거듭할수록 무언가 잘못 되어가고 있다는 낭패감에 사로 잡힌다면 생활 방식의 우선순위가 잘못됐기 때문일 수도 있다.

학교 생활을 예로 들어보자.

학교 생활을 충실하게 보내기 위해서는 먼저 우선순위를 분명하게 정해야 한다. 오늘 숙제는 산더미 같이 밀려 있는데 시험 기

간을 앞두고 있다면 이 경우 어느 쪽을 우선하면 좋을지 판단해야
한다.

시험이 3일 후라면 시험 공부를 우선시해야 한다. 하루 몇 시간
씩 공부할지 계획을 세우고 남은 시간에 숙제를 한다. 시험이 1개
월 후라면 숙제를 먼저 해야 한다. 가능한 빨리 시험 공부에 집중
할 수 있도록 계획을 세운다.

이때 어느 정도의 시험 결과를 올릴지에 따라 시간 배분을 달리
한다. 그리고 지금 시점에서 자신이 시험 내용을 어느 정도 이해
하고 있는지에 따라서도 시간 배분을 달리해야 한다.

시험 점수에 신경 쓰지 않는다면 자신이 좋아하는 일부터 시작
하면 된다. 단 시험이란 반드시 결과가 나온다는 사실을 잊지 말
자. 점수에 신경 쓰지 않는 사람도 높은 점수를 받으면 기분이 좋
아진다. 그렇다면 조금이라도 좋은 점수를 얻기 위해 노력을 기울
이는 것도 나쁘지 않다. 그 정도의 욕심은 필요하다.

당신은 지금 자신의 모습에 만족하는가? 만약 그렇지 않다면
좀더 욕심을 내서 하루라도 빨리 인생의 계획을 세우자.

자신에게 가장 소중한 것

인생에서 돈은 없어서는 안될 중요한 재산이다. 그러나 돈에 사로잡히면 인생의 우선순위를 제대로 정할 수 없다. 우리 주변에는 돈이 되는 일부터 시작하는 사람이 있는가 하면, 돈보다는 소중하게 생각하는 일을 하는 사람도 있다.

모든 가치를 돈으로만 생각하는 사람의 우선순위는 이미 정해져 있다. 이런 사람은 돈에 모든 기반을 둔다. 극단적인 예지만 요리를 할 시간이 있으면 그 시간에 아르바이트로 돈을 버는 것이 낫다고 생각하는 사람도 있다.

실제로 요리를 하는 것보다 돈을 버는 게 편할지 모른다. 또 아이를 키우기보다 일을 우선시하면서 살 때 보람을 느낄 수 있을지도 모른다. 물론 일을 우선시하는 태도에 문제가 있다는 이야기는 아니다.

인생의 우선순위를 결정하는 가장 중요한 규칙은 자신에게 소중한 것을 외면하지 않는 것이다.

인생의 우선순위를 24시간으로 나누어 생각해보자. 방식에 따라서는 24시간을 하루로 보는 사람도 있을 것이고, 아침, 점심, 저녁으로 삼등분하여 생각하는 사람도 있을 것이다.

공부를 인생의 우선순위로 하는 사람이 있는가 하면 외모를 우선순위로 생각하는 사람도 있을 것이다. 어떤 것이든 간에 가장 우선순위가 되는 것은 그 사람이 가장 소중하다고 생각하는 대상이 되어야 한다. 어느 것이 옳고 그른지 단정 지을 수는 없지만 무슨 일이든 최선의 노력을 기울였는데도 공허하게 느껴진다면 잘못됐기 때문이다.

음식에는 제철 음식이 있듯이 모든 일에는 적절한 시기가 있다. 그 시기를 놓치면 나중에 큰 대가를 치러야 한다는 사실을 기억해 두자.

작은 행복을 맛보기 위한 시간별 메뉴

▶ 1초 만에 할 수 있는 일

– 매일 아침 씩씩한 목소리로 아침 인사를 한다.

– 모두에게 감사의 말을 전한다.

– 마음에 걸리는 일이 있을 때는 사과의 말을 전한다.

– 전화를 끊을 때는 '고마웠어', '기뻤어', '건강하게 지내' 등 마음을 전한다.

– 눈과 눈이 마주치면 웃는 얼굴로 대한다.

– 상대방이 훌륭하다고 생각되면 찬사를 아끼지 말라.

– 상대방이 긴장을 하고 있으면 용기를 북돋워준다.

– 뭔가를 받았을 때 감사의 말보다 기쁜 마음을 전한다.

– 헤어질 때 가다가 다시 한번 돌아본다.

– 바쁠수록 자연을 만끽한다. 아침의 태양을 향해 '오늘 하루도 열심히 하자' 하고 자신을 격려하고 저녁 노을을 향해 '수고했다'고 자신을 격려한다.

13

호기심을 통해 재산을 만든다

꿈을 이루는 준비가 기회의 열매를 맺는다

한 가지 일에 집중하지 못하는 사람

- 모든 일에 관심을 갖는다.

- 실패를 두려워하지 않는다.

- 자신의 실패 경험을 이야기하는데 거리낌이 없다.

- 식사를 하며 행복하다고 느낀 적이 있다.

- 과거에 집착하지 않는다.

- 사랑만 있으면 아무 것도 필요없다고 생각한다.

- 혼자 있어도 만족할 수 있다.

- 보석이나 액세서리에 흥미가 없다.

- 비 오는 날의 낭만을 즐길 줄 안다.

- 가끔 밤하늘을 본다.

위 항목에 해당하는 것이 많은 사람일수록 마음의 여유가 있는 사람이다. 3개 이하인 사람은 하루하루를 보내는데 급급하다. 이런 사람은 하고 싶은 일이 많아도 좀처럼 실행에 옮기지 못한다.

우선은 지나친 욕심을 버리고 한 가지 일에 집중하자. 그러는 사이에 처음에는 힘들게 느껴지던 일이 즐거워진다. 즐겁다는 것은 이미 그 일에 익숙해졌다는 의미다. 이렇듯 한 가지 일에 집중하고 그 일에 즐거움을 알게 되면 마음의 여유가 생길 것이다.

꿈을 이루기 위해 끊임없이 노력하자

모든 사람은 꿈을 갖고 있다. 그러나 그 꿈을 실현하는 사람과 그렇지 못하는 사람이 있다. 그 차이는 과연 어디에 있을까?

사람들은 너무 쉽게 포기하거나 애초부터 무리한 계획을 세웠기 때문에 꿈을 실현하지 못한다고 말한다. 그러나 인간은 결코 무모한 꿈은 갖지 않는다. 실현할 수 있기 때문에 꿈을 갖는 것이다.

꿈을 실현한 사람과 그렇지 못한 사람의 차이는 그 사람의 역량이 다르다는 것에 있다. 꿈을 실현하지 못하는 사람은 자신의 꿈을 담을 역량을 만들지 못한 사람이다. 역량이란 기회가 왔을 때 그것을 받아들이는 그릇을 말한다. 꿈을 이루려면 이 그릇이 필요하다.

꿈을 이루기 위해 필요한 또 하나는 생활의 리듬이다. 리듬은 생활 습관을 의미하는 것이다. 마음이 풍요로우면 생활에 리듬이 붙는다.

예를 들어 좋아하는 사람이 생겼다고 하자. 당신은 그 사람과 결혼하고 싶고 하루 종일 그 사람 생각이 머리에서 떠나지 않는다. 그와의 즐거운 데이트를 상상하는 것만으로 하루가 금방 지나간다.

그러던 어느 날 그에게 청혼을 받았다. 자, 당신은 청혼을 받아들일 준비가 되어 있는가? 결혼은 연애처럼 달콤한 게 아니다. 결혼을 하려면 가정을 잘 이끌어 갈 수 있는 역량을 갖추고 있어야 한다. 그리고 그런 역량은 오랜 시간 자신을 단련하는 가운데 얻어지는 것이다. 대부분의 사람들은 이 점을 망각하고 '그때가 되면 생각하자' 며 눈앞의 즐거움을 우선하는 경향이 있다.

당신이 행복한 가정을 꾸리려면 필요한 역량을 사랑하는 사람이 생긴 후에 만드는 게 아니라 평소에 내적 그리고 외적인 풍요로움을 축적해 놓아야 한다. 그러나 우리는 대부분 편하게 살려는 생각에 눈 앞에 보이는 것에만 집착한다.

누구나 자신의 꿈을 담을 역량이 있다면 좀더 여유로운 마음으로 현실을 직시할 수 있을 것이다.

항상 자신을 단련하자

'자신을 만든다', '자신을 단련한다'는 말은 자신의 역량을 만든다는 뜻이다. 비록 작은 일이라도 자신의 꿈을 담을 수 있는 역량을 만드는 것이 중요하다. 역량을 만들면 기회가 왔을 때 적어도 그만큼의 기회는 잡을 수 있다. 그리고 그때부터 꿈은 현실로 다가온다. 장차 이루고자 하는 꿈을 담을만한 역량을 만들어 두었는지 자신을 되돌아보자.

만약 사랑하는 사람이 결혼하자고 청혼한다면 여러분은 과연 바로 결혼 생활을 시작할 수 있겠는가? 지금 당장 일자리를 잃어도 당황하지 않을 수 있는가? '그렇다'고 대답할 수 있는 사람은 자신의 역량을 갖춘 사람이다. 그는 이미 역량을 갖춰 놓았기 때문에 현재를 풍요롭게 보낼 수 있다.

꿈을 실현하기 위해서는 꿈을 이룰 수 있는 토대를 만들어야 한다. 그리고 토대는 그 연대에서 만들어낸 경험으로 다져진다. 각 연대에서 해야 할 일을 제대로 실행하면 다음 세대를 즐겁게 보낼 수 있고 언제든 원하는 자신을 만들 수 있다.

결국 자신의 꿈을 이루기 위해 가장 중요한 건 현실에 최선을 다하며 자신의 역량을 확고하게 다져나가는 길뿐이다.

현명한 여성이 되기 위한 시간별 메뉴

▶ 1시간 동안 할 수 있는 일

– 마음을 비우는 시간을 갖는다. 자신을 돌이켜보는 시간이 될 것이다.

– 자신을 위한 여행 계획을 세운다. 비록 계획으로만 끝나더라도 계획을 세우는 동안에 일상 생활의 활력을 되찾게 될 것이다.

– 친한 친구에게 전화를 건다. 세상에 당신 혼자뿐이라고 느껴지는 깊은 밤에 따뜻한 마음 한조각이라도 나눌 수 있는 친구가 있다면 당신은 행복한 사람이다.

– 가끔 비 오는 날이면 목적 없이 오랫동안 산책을 해본다. 지금까지는 알지 못했던 감성의 충만함을 느껴보라. 비는 여러분의 지친 마음을 치료해 줄 것이다.

– 슬플 때는 거울을 보며 운다. 울음을 참으려 하기보다는 무작정 슬픔에 빠져드는 것도 스트레스 해소에 좋은 방법이다.

제14장

애정을 통해 재산을 만든다

한결같은 자세가 행복의 열매를 맺는다

사랑을 표현하지 못하는 사람

- 피부 관리에 신경을 쓴다.

- 책 읽기를 좋아한다.

- 요리법을 배우고 싶은 음식이 있다.

- 안 좋은 소리는 듣고 싶지 않다.

- 분위기를 바꾸고 싶다.

- 손톱 손질에 신경을 쓴다.

- 술이 좋다.

- 혼자 떠나는 여행이 좋다.

- 한숨이 나온다.

- 혼자서 하는 일이 많아졌다.

위 항목에 7개 이상 해당하는 사람은 사랑할 줄 아는 사람이다. 자신을 사랑하는 사람은 다른 사람에게도 사랑받는다. 누구한테도 사랑을 받지 못하는 사람은 자신을 사랑하지 않기 때문이다.

이런 사람은 항상 사랑을 받으면 주겠다는 교환 조건이 붙는다. 그러나 사랑에는 조건이 붙을 수 없다. 마음이 풍요로운 사람만이 다른 사람에게 진실한 사랑을 베풀 수 있다.

행복의 신을 자기 편으로 만드는 방법

당신은 오늘 하루를 어떻게 보냈는가? 오늘이라는 한정된 시간을 소중하게 보내기 위해 노력하는 사람만이 행복을 얻을 수 있다.

행복의 신(기회라고도 할 수 있다)은 꼬리가 없다고 한다. 그러므로 신이 지나간 뒤에 행복을 잡으려 해봤자 아무런 소용이 없다. 인생의 기회를 잘 활용할 줄 아는 사람만이 자신의 재산을 만들 수 있다는 것을 기억하자.

인간은 하루하루의 시간이 주어지는 것을 당연하게 받아들여 감사하는 마음을 잊고 산다. 이는 시간을 눈으로 볼 수 없기 때문이다.

우리는 눈에 보이지 않는 것에 대한 고마움을 종종 외면하려고 한다. 그러나 우리가 이처럼 살 수 있는 것은 주변 사람들의 눈에 보이지 않는 친절과 사랑이 있기 때문이다. 우리 모두 이것을 잊지 말아야 한다. 그리고 항상 기억하자. 행복의 기회는 바로 당신의 마음 안에 있다.

사랑하고 사랑받는 사람이 되자

일상 생활은 단조로운 리듬의 반복이다.

항상 불만을 품고 있는 사람은 생활 리듬이 일정하지 못하다. 현실에 대한 불만이 가시지 않으면 무슨 일을 해도 즐겁지가 않기 때문이다. 인간은 사랑을 통해 노력이라는 에너지를 만든다. 그리고 이 에너지를 통해 생활의 리듬을 만든다.

이렇게 자연스럽게 만들어진 생활의 리듬은 기회가 왔을 때 그것을 움켜 잡을 수 있는 힘이 된다. 아무리 사랑하고 싶고 사랑받고 싶어도 마음이 건강하지 않은 사람은 사랑을 할 수도 받을 수도 없다.

인간의 마음은 한마디로 정의할 수 없는 애매한 속성을 지녔다. 우리는 이런 애매한 속성이 반복되는 생활 속에서 스스로 정체성을 확립해가는 과정을 거치며 흔들림 없는 자신을 만든다. 자신을 사랑하고 다른 사람을 사랑할 수 있는 사람은 생활의 변화를 통해 흔들림 없는 자신을 만들 수 있을 것이다.

사랑받는 여성이 되기 위한 시간별 메뉴

▶ 1분 동안 할 수 있는 일

– 불안을 느낄 때는 아침에 나가기 전에 소금을 한 손 가득 쥔다. 그러면 신기하게도 힘이 솟는다. 이 방법은 시험을 볼 때도 효과적이다. 자신감이 부족할 때나 불안할 때 한번 해보자.

– 밤하늘에서 가장 반짝이는 별을 본다. 잠시 동안 별을 보고 있으면 낮에 있었던 일들이 말끔히 지워질 것이다.

– 잠이 오지 않으면 배를 채운다. 아기들은 불안할 때나 잠이 오지 않을 때 위에 부담이 되는 음식을 섭취하여 안정을 찾는다. 이 방법은 어른에게도 효과적이다. 이럴 땐 음료보다는 씹는 음식이 효과적이다.

– '그냥 한번 도전해 보는 거야'라는 말을 소리내서 해본다. 운명은 스스로 결정하는 것이다. 자신의 마음이 안정되어야 일이 순조롭게 풀린다. 운이 좋은 사람은 자신과는 다르다는 생각을 버리고 스스로 인생을 개척할 때 진정한 인생의 주인공이 될 수 있다는 사실을 명심하자.

15

식생활을 통해 재산을 만든다

매일 맛있게 먹는 음식이 영광의 열매를 맺는다

보람을 찾지 못하는 사람

- 모든 일에 열성을 기울인다.

- 혼자서도 재미있게 지낸다.

- 한번 하려고 마음 먹으면 끝까지 밀고 나간다.

- 조금은 사치스럽고 화려한 것을 좋아한다.

- 늘 좋아하는 물건을 사용한다.

- 같은 상점이나 음식점에 3일 이상 계속 가면 싫증난다.

- 값싼 속옷이나 잠옷은 싫다.

- 구두나 소품에 돈을 들인다.

- 호텔, 식당, 스포츠 클럽, 미용실은 항상 다니던 곳에 다닌다.

- 오락 프로그램보다 다큐멘터리가 좋다.

위 항목에 해당 사항이 많을수록 당신은 인생을 즐길 줄 아는 사람이다. 돈이나 집이 없어도 인생의 보람을 느낄 수 있다면 얼마나 행복할까?

여러분은 혹시 다른 사람을 부러워하며 지금의 생활에 만족하지 못하고 있지는 않은가? 또는 무슨 일이든 자신과는 상관없다고 관심조차 갖지 않은 채 살아가고 있지는 않은가?

인간은 현재에 만족하지 못하기 때문에 형태가 있는 것에 집착하고 눈으로 보이는 결과만 찾는다. 그리고 그 결과를 통해 지금의 불만과 불안을 억제하려고 한다. 그러나 정말로 행복한 사람은 뭔가에 혼신을 다해 열중할 줄 아는 사람이다.

직접 요리를 만들자

중국에서는 직접 요리를 만들면서 행복한 인생을 만든다고 한다. 말하자면 풍요로운 음식이 있어야 건전한 정신과 육체를 만들 수 있다는 것이다.

인간에게 음식이란 건전한 정신과 육체의 기반을 이루는 역할을 하는 것이지 단순히 배고픔을 채우기 위한 것만은 아니다. 음식을 통해 육체의 균형을 유지하고 즐거운 마음으로 일에 몰두할 수 있는 힘을 얻는다. 그러므로 식사 시간은 항상 즐겁고 유쾌한 시간이 되어야 한다.

사실 음식을 맛있게 먹고 즐거운 기분을 유지한다는 것은 무척 쉬운 일 같지만 늘 이런 상태를 유지하려면 굉장한 노력과 관심이 필요하다. 몸과 마음이 피곤하면 '뭘 해도 지겹다', '다 소용없다', '뭔가 더 좋을 일이 없을까?' 라는 생각이 든다. 이때 무엇이든 돈으로 해결하려는 사람이 있다. 그러나 이것은 돈으로 해결되는 문제가 결코 아니다.

건강, 사랑, 일 그리고 결혼도 마음이 풍요롭지 않은 상태에선 좋은 결과를 기대할 수 없다. 사람마다 제각기 마음가짐이 다르기 때문에 주어진 시간을 즐겁게 보내는 사람이 있는가 하면 하루하루가 지겹다고 생각하는 사람도 있다. 이렇듯 각자의 마음가짐에 따라 한번뿐인 여러분의 인생도 크게 달라질 수 있다.

인생을 즐겁게 보낸다는 것은 자신을 위해 직접 요리를 만들어 보는 것과 같다. 요리하는 사람의 마음가짐에 따라서 한끼 식사를 준비하는 시간이 즐거운 경험이 될 수 있고 마지못해 노동을 해야 하는 지겨운 시간이 될 수도 있다. 당신은 어떤 마음가짐으로 자신의 인생을 요리할 것인가?

자신을 위한 시간을 갖자

진정한 행복은 마음으로 느낄 수 있다.

그렇다면 어떻게 하면 행복을 느낄 수 있을까? 다 같이 한번 생각해 보자. 돈만 있으면 행복한 인생을 살 수 있을까? 아름다운 외모와 재능을 갖고 있으면 꿈을 이룰 수 있을까?

이것들은 어디까지나 행복을 얻기 위한 하나의 도구일 뿐이다. 물론 없는 것보다 있는 편이 낫다. 그러나 그것만으로는 결코 행복을 얻을 수 없다.

요리를 예로 들어보자.

아무 생각 없이 음식을 만드는 것은 공복을 채우기 위한 단순한 행위에 지나지 않는다. 그러나 작은 아이디어로 남은 음식 재료를 이용해 특별한 음식을 만들어 주변 사람들까지 기쁘게 해주는 경우도 있다. 이렇듯 일상의 행복은 생활 속에서 만들어지는 것이다.

자신을 단련하려는 의식이 강한 사람만이 인생 역전의 주인공이 될 수 있다. 오늘 하루만이라도 자신만의 시간을 즐기자. 그 첫 단계로 우선 자신을 위한 멋진 식사를 준비해 보는 것도 좋은 방법이다.

음식을 맛있게 먹기 위한 시간별 메뉴

▶ 1분 동안 할 수 있는 일

의식동원(醫食同源: 의약과 음식의 뿌리는 하나라는 중국 전통식료법을 한층 더 이론화하여 만든 독특한 학문-역주)의 지혜를 배우자.

– 심황(생강과의 여러해살이 풀, 한방에서 지혈제로 쓰임 –역주)은 막힌 것을 뚫어주고 혈액 순환이나 변비, 불면증에 효능이 있다.

– 야쿠르트를 된장국에 넣으면 순한 맛이 난다. 고급 요리점에서 맛을 내는 비법으로 사용되기도 한다.

– 닭고기에 야쿠르트를 혼합하면 고기가 부드럽고 톡 쏘는 맛이 난다.

– 야채 스프에 야쿠르트를 넣으면 프랑스 요리의 맛을 느낄 수 있다. 마늘이나 오이를 넣어도 색다른 맛을 즐길 수 있다.

– 뜨거운 된장국에 버터를 한 조각 넣으면 순한 맛을 낼 수 있어 양식 요리와 조화를 이룬다. 아침 토스트와도 잘 어울린다.

▶ 1시간 동안 할 수 있는 일

간단한 재료로 풍부한 맛을 낼 수 있는 음식을 만든다.

– 식초에 남은 음식 재료를 넣고 40분 정도 끓인다. 여기에 올리브 오일을 섞는다.

– 냄새가 적은 마늘 껍질을 벗긴다. 안쪽에 있는 얇은 껍질은 그대로 두고 식초를 넣는다. 한 달 후에 식초를 버리고 간장을 넣는다. 어떤 요리에 사용하든 맛을 더해준다.

▶ 3시간 동안 할 수 있는 일

차의 특징을 알아두자.

- 다지린(인도의 서부 뱅갈 지방) 홍차는 우아한 향이 난다. 그러므로 가급적이면 우유 없이 즐기는 게 좋다. 여기에 생크림 케이크가 어울린다. 케이크를 만들 시간이 없으면 크림 케이크를 미리 준비해 두자. 그 외에도 핫케이크, 잼과 크로켓에 넣는 크림을 곁들여도 좋다.

- 아삼 홍차는 상당히 자극적이기 때문에 우유를 넣어 마시는 것이 좋다. 여기에는 햄 샌드위치가 어울린다.

- 중국산 홍차는 수수한 맛이 난다. 말린 과일에 홍차를 하루 동안 담가 만든 케이크가 맛있다. 참고로 차를 준비할 때 단물을 사용하면 색다른 맛의 깊이와 향을 느낄 수 있다.

▶ 매일 할 수 있는 일

- 중국 친구가 소개해준 방법인데 피부를 깨끗하게 유지하는 음식을 소개하겠다. 두부와 참깨, 젤라틴을 가능한 매일 섭취한다. 특히 콩은 주름과 검버섯 방지에 효능이 있다. 발효 시킨 콩보다는 콩요리를 먹는 게 효과적이다. 술 마시기 전에는 간장병 예

방에 효과가 있는 가막조개를 먹으면 취하지 않는다. 가막조개는 미용에도 효능이 있다. 아울러 심한 검버섯도 제거할 수 있어 피부에 윤기가 생긴다. 꼭 한번 해보자.

- 제철 채소를 섭취하는 것도 중요하다. 아스파라거스나 브로콜리 등 봄 채소는 쓴 맛이 있는데, 이 쓴 맛이 몸의 세포를 활성화시킨다. 여름에 나는 채소는 부기를 없애준다. 이는 채소에 함유되어 있는 칼슘이 소금을 과다 섭취하여 부은 몸의 움직임을 촉진시키기 때문이다. 가을에 나는 채소는 양파, 양배추, 배추 등 흰색 야채가 많은 게 특징이다. 이 채소들은 몸을 따뜻하게 하여 저항력을 높이는 효능이 있으므로 가능한 많이 섭취해서 겨울이 오기 전에 체력을 기른다. 겨울에 나는 채소에는 우엉, 인삼, 푸성귀 등이 있다. 이 채소들은 혈액을 정화시키고 감기 예방을 촉진시킨다.

지은이 : 오하라 케이코(大原敬子)

엄마와 아이의 커뮤니케이션, 오감 교육으로 재능을 개화 시킨다는 이념을 주장.
증조모인 오하라 도메(大原とめ)가 창시한 새로운 육아교육 계승. 유육회(遊育會)
의 대표로 육아교육, 여성교육을 실천하고 있다. 저서로는 '언어 습관으로 인생
이 바꾼다' '현재가 싫다고 생각될 때 읽는 책' '마음의 구급상자' '필요한 사람
이 되라' '지금보다 좀 더 강한 자신을 만들라' 등이 있고, 모두 스테디셀러이다.

옮긴이 : 박 화

성신여자대학교 일어일문학과 졸업.
현재 (주)엔터스 코리아에서 출판번역팀 프로젝트 매니저로 근무하고 있다.
역서로 '머리가 좋아지는 수학 퍼즐' '머리가 좋아지는 논리 퍼즐' ' 머리가 좋아
지는 도형 퍼즐' '뇌의 구조와 과학적 학습법' 등이 있다.